L'oracle de la providence pour tous

Textes et illustrations de Valérie Boucton

L'oracle de la providence

Pour tous

Art divinatoire
Valérie Boucton

Lis Ma Vie Editions

Du même auteur

Les chemins de la providence, Lis Ma Vie Editions, 2024

L'oracle de la providence pour tous

est un outil de divination et de réflexion spirituelle pour tous.

Une aide précieuse, un compagnon de route.

Cet Oracle est à utiliser pour une guidance, pour une prise de décision ou pour une réflexion personnelle.

Il vous offre des messages ou des réflexions qui vous encouragent à vous pencher sur vos pensées, vos émotions et vos expériences.

Il vous fournit des conseils sur des situations de votre vie quotidienne ou de vos dilemmes émotionnels, vous aidant à voir les choses sous un nouvel angle.

En consultant **l'Oracle de la Providence pour tous**, vous pourrez clarifier vos choix et obtenir des perspectives sur vos décisions, aussi difficiles soient-elles.

L'utilisation de cet oracle favorise la connexion à votre intuition, votre sagesse intérieure et à votre force spirituelle.

Voici quelques étapes pour l'utiliser

Créez un environnement propice, trouvez un endroit calme dans lequel vous vous sentez à l'aise.

Prenez quelques instants pour vous concentrer

Formulez une question ou une intention, pensez à ce que vous souhaitez savoir ou à l'intention que vous voulez mettre en avant, cela peut être une question précise ou un thème général sur lequel vous souhaitez réfléchir.

Ouvrez le livre « L'oracle de la providence pour tous » à une page au hasard, laissez votre intuition guider votre choix, sans trop réfléchir.

Prenez le temps de lire le texte ou le message qui se trouve sur la page choisie et réfléchissez à son sens et à la manière dont il peut s'appliquer à votre question ou à votre situation actuelle.

Prenez quelques instants pour méditer sur ce que vous avez lu, écoutez vos instincts et écrivez vos pensées dans un journal si cela vous aide à clarifier vos idées.

Pensez à comment vous pouvez appliquer ce que vous avez appris dans votre vie quotidienne. Cela peut impliquer des actions concrètes ou simplement une nouvelle perspective sur votre situation.

Répétez ce processus si nécessaire, vous pouvez utiliser le livre oracle régulièrement, chaque fois que vous ressentez le besoin de guidance ou d'inspiration.

L'utilisation de **L'oracle de la providence pour tous** est une expérience personnelle enrichissante, et il est important de se rappeler l'essentiel est d'écouter votre intuition.

Plus vous utiliserez cet oracle, plus vous apprendrez à comprendre les messages qu'il véhicule et à faire confiance à votre intuition.

Je vous souhaite une belle vie.

Valérie Boucton

Le Guide

Nouveau départ - Innocence - Aventure

Voici le signe que vous êtes soutenu par des forces spirituelles.

Un rappel que vous pouvez demander de l'aide lorsque vous en avez besoin.

Le guide vous encourage à prendre des risques et à suivre votre intuition.

Vous avez le pouvoir, les compétences et la capacité de manifester vos désirs.

Elle vous encourage à utiliser vos ressources pour atteindre vos objectifs.

Sachez que vous êtes protégé et aimé par une force supérieure, par vos ancêtres et par la providence.

La force

Courage - Volonté - Détermination

La force représente le courage, la résilience et la détermination face aux défis.

Cela symbolise la puissance intérieure, la maîtrise de soi et la capacité à surmonter les obstacles.

Cette carte vous encourage à faire confiance à votre force intérieure et à utiliser votre énergie et votre volonté pour avancer, même dans des situations difficiles.

Vous êtes invité à accepter vos émotions et à accueillir la compassion envers vous-même et les autres.

La carte de la force vous indique que vous êtes ou que vous allez être confronté à des épreuves, mais que vous avez les ressources nécessaires pour y faire face, et on vous rappelle que la véritable force réside non seulement dans la domination physique, mais aussi dans la douceur, la patience et l'amour.

La maison

Sécurité - Famille - Stabilité

La carte de la maison évoque un endroit où l'on se sent en sécurité, elle représente un besoin de stabilité dans votre vie actuelle.

Cela symbolise également les liens familiaux, les relations et le soutien émotionnel.

Elle fait référence à l'espace personnel, l'environnement dans lequel vous vivez, et l'importance de créer un lieu de repos.

La maison symbolise la retraite intérieure, le besoin de réflexion et d'introspection.

Cette carte aborde également des situations liées à vos origines, à votre histoire familiale ou à vos racines.

Possibilité de déménagement, de travaux, de vente ou d'achat immobilier.

Vous devez prendre soin de votre maison intérieure, de votre corps et de votre cœur.

Addiction

Dépendance - Souffrance

On vous invite à reconnaître vos blessures intérieures et à chercher la guérison au-delà des illusions.

C'est en comprenant vos désirs profonds que vous pourrez vous libérer de vos attachements néfastes, afin de vous connecter à votre sagesse intérieure, c'est ainsi que vous retrouverez le chemin vers l'équilibre et l'amour de soi.

Cette approche vous encourage à une réflexion sur les causes profondes de l'addiction et propose une voie vers la guérison.

Vous êtes invité à travailler sur vos dépendances affectives et du sentiment d'abandon.

Il est important pour vous de prendre conscience qu'une situation vous empêche d'être en paix avec vos propres désirs.

C'est un appel à vous libérer des relations toxiques ou à dépasser vos blessures.

Intuition

Confiance en soi - Décision - Instinct

Vous êtes encouragé à faire confiance à votre voix intérieure, à écouter votre instinct et à suivre votre intuition dans vos décisions.

La carte de l'intuition vous fournit une clarté dans les situations où la logique échoue, et elle vous signale qu'il est temps de prendre des décisions basées sur ce que vous ressentez plutôt que sur des faits tangibles.

Il est important de développer votre confiance en soi et vos capacités à percevoir les choses au-delà des apparences.

On vous indique qu'il est temps de devenir plus attentif aux synchronicités et aux signes que l'univers met sur votre chemin.

Laissez-vous guider par ce que vous ressentez dans l'instant présent et travaillez à développer votre propre sensibilité intuitive.

Colère

Evénement fâcheux - Crise - Malentendu

Réaction à des injustices, à des frustrations ou à des conflits non résolus.

Cette carte vous suggère qu'il est important d'explorer et de reconnaître vos émotions, plutôt que de les ignorer.

Il est essentiel de ne pas étouffer votre colère, reconnaître cette émotion peut être le premier pas vers la guérison.

La colère, lorsqu'elle est bien canalisée, peut être une force de changement. Elle vous incite à agir pour corriger des situations qui vous dérangent.

Parfois, la colère surgit pour vous protéger, elle signifie que vos limites personnelles sont franchies.

On vous indique qu'il est temps d'affronter un conflit non résolu qui vous préoccupe, soit à l'intérieur de vous-même, soit avec d'autres.

Auto-réflexion : la colère peut parfois masquer d'autres émotions sous-jacentes, telles que la tristesse et la peur.

C'est le bon moment pour l'introspection afin de comprendre les véritables causes de cette colère.

Victoire

Succès - Accomplissement - Triomphe sur les défis

Vous êtes sur la bonne voie pour atteindre vos objectifs, votre persévérance sera récompensée.

C'est une carte qui inspire à la confiance et à l'optimisme, suggérant que les efforts déployés porteront leurs fruits.

Vous êtes encouragé à célébrer les petites victoires en cours de route et à reconnaître la force intérieure qui vous pousse à surmonter les obstacles.

Bravo !

Sagesse

Connaissance intérieure - Capacité à prendre des décisions éclairées

Cette carte signifie qu'il est temps de vous fier à votre sagesse intérieure pour surmonter des obstacles ou prendre des décisions.

Elle vous suggère d'apprendre des expériences passées et d'accueillir les conseils provenant de sources sages, qu'il s'agisse de mentors, de livres ou de l'intuition personnelle.

Vous êtes encouragé à l'auto-réflexion et à la confiance en votre propre compréhension du monde et des situations.

Cela peut être un appel à rechercher des vérités plus profondes et à agir en accord avec votre connaissance intérieure.

Soyez prudent dans vos démarches !

Accident

Accident - Evénement inattendu dans la vie

Attention aux obstacles sur votre chemin, aux changements brusques qui perturbent le cours normal des choses.

Prise de conscience, cette carte vous suggère un besoin de prêter attention aux détails et aux situations autour de vous pour éviter de futurs désagréments.

Transformation, parfois les accidents peuvent mener à des changements positifs ou à des leçons de vie importantes.

Avertissement ! C'est un appel à la prudence et à la réflexion sur les choix de vie et les comportements à adopter.

Possible réparation d'un véhicule à envisager.

Une mise en garde concernant vos déplacements.

Construction

Stabilité - Harmonie - Santé - Célébration

Vous avez atteint ou êtes sur le point d'atteindre un stade de stabilité dans votre vie, que ce soit sur le plan personnel, professionnel ou émotionnel.

Célébrations mariages, anniversaires ou d'autres événements heureux.

Elle souligne l'importance de célébrer les succès et de profiter des moments de joie avec ceux qui vous sont chers.

Cela symbolise l'importance de vos relations et du soutien communautaire.

Liens familiaux forts, amitiés durables, sentiment d'appartenance à un groupe vous attendent.

Cette carte est également un signe que le travail acharné que vous avez accompli porte enfin ses fruits.

C'est un moment de reconnaissance et de félicitations.

Vous êtes sur la bonne voie pour atteindre l'harmonie et la satisfaction dans votre vie.

Séparation

Crise affective - Rupture de contrat - Fin d'une relation

Il est nécessaire de vous détacher de quelque chose ou de quelqu'un pour avancer dans votre vie.

La carte de la séparation symbolise un changement ou une transformation nécessaire dans votre vie, que ce soit dans vos relations amicales, sentimentales, des contrats ou des croyances.

Un divorce est possible.

Vous avez besoin de prendre du recul pour mieux comprendre vos propres émotions et priorités.

Changement

Evolution - Mouvement - Mutation

Il est maintenant important de prendre des décisions pour avancer dans votre vie.

Cette carte indique qu'il est temps d'accepter les transitions en cours, libérez-vous des anciennes habitudes, ouvrez votre esprit à de nouvelles possibilités.

Elle vous rappelle que le changement peut apporter des opportunités positives, même s'il peut sembler perturbant au début.

C'est une invitation à reconnaître et à accueillir les dynamiques de transformation dans sa vie.

Loyauté

Amitié - Confiance - Entourage - Fidélité

Vous recherchez la fidélité, l'engagement et la confiance dans vos relations, qu'elles soient personnelles ou professionnelles.

Entourez-vous de relation de confiances, vous avez besoin d'être rassuré sur la loyauté d'une personne actuellement.

On vous suggère l'importance de rester fidèle à vous-même à vos valeurs, et de cultiver des relations basées sur la confiance et le respect mutuel, ou encore d'évaluer les liens que l'on entretient avec les autres.

Illusion

Intuition - illusion - rêve

Illusions et tromperies, on vous indique des situations où les apparences sont trompeuses.

Elle vous invite à faire preuve de prudence et à questionner ce qui semble évident.

Cette carte est liée à l'intuition et à la connexion avec l'inconscient, vous êtes encouragé à écouter vos rêves et vos sentiments profonds.

Émotions cachées, émotions refoulées, peurs inconscientes qui émergent à la surface.

On vous suggère un moment de réflexion et d'exploration intérieure.

Voyages intérieurs, voyage vers des territoires inconnus, tant sur le plan psychologique que spirituel, vous devez affronter vos propres ombres.

Aspect positif, inspiration créative et l'imagination.

La carte de l'illusion vous appelle à une exploration plus profonde de vous-même et de votre environnement.

Illusions ou ruminations ? C'est le moment de regarder au-delà des apparences.

Ruse

Stratégie - Tromperie - Intelligence astucieuse

Vous devez faire preuve de flexibilité et de créativité face à des défis ou à des situations compliquées.

Vous êtes invité à utiliser votre esprit pour surmonter les obstacles, c'est également une mise en garde contre les manipulations ou les intentions malveillantes, que ce soit de votre part ou de celle des autres.

Vous devez être vigilant, prudent, ou réfléchir soigneusement avant d'agir.

Vous avez la capacité de naviguer habilement à travers des situations difficiles en utilisant votre intuition et votre ingéniosité.

Imprévu

Changement - Incertitude - Evénement inattendu

Cette carte représente le changement, le cycle de la vie, et les retournements de situation.

La chance peut tourner et des événements inattendus peuvent survenir.

Nouveaux commencements, choix imprévus.

Spontanéité et inattendu, un voyage où tout est possible.

Bouleversement, changement soudain.

Evénements imprévus pouvant entraîner des transformations significatives.

Rencontre

Relation - Connexion - Interaction humaine

Cette carte évoque l'harmonie, les relations et les choix affectifs.

Rencontre significative avec une personne, que ce soit sur le plan romantique ou amical.

Rencontre qui peut mener à une connexion profonde.

Joie et festivité entre amis.

Rencontre heureuse et illuminante.

Chance - Providence

Destin - Cycle de la vie - Karma

Résurrection, renaissance et appels supérieurs, une influence divine agit dans vos choix et votre cheminement.

Entourez-vous d'espoir, de foi, de guidance spirituelle, la providence bienveillante veille sur vous.

La chance arrive dans votre vie, saisissez les opportunités qui arrivent vers vous.

Vous êtes encouragez à prendre des décisions et de croire en la providence.

La providence vous accompagne dans vos démarches, gardez la foi.

La providence vous murmure le chemin et vous suggère d'écouter vos intuitions, votre voix intérieure, votre instinct.

Rien n'est dû au hasard, tout a un sens dans votre situation actuelle.

La providence vous guide.

Mort

Transformation - Fin de cycle - Résurrection

Transformation, une fin d'un cycle, et un renouveau commence.

Changement significatif dans votre vie, qu'il soit positif ou négatif.

Se libérer de ce qui n'est plus utile ou nécessaire, qu'il s'agisse de relations, d'habitudes ou de situations.

Renaissance après la fin d'une chose, une nouvelle opportunité survient, indiquant que des possibilités nouvelles vont apparaître.

Accepter le changement, la carte vous invite à accepter les transformations et à ne pas résister aux changements inévitables de la vie.

Préparez-vous à une période de transition et à embrasser les nouvelles directions qui se présentent.

Homme

Action et leadership - Prise d'initiative - Pouvoir

Il est important, actuellement pour vous, d'avoir une pensée analytique.

Importante influence d'une figure masculine dans votre vie.

Vous êtes invité à intégrer les qualités masculines dans l'approche d'une situation particulière de votre vie.

Dans un contexte plus large, il s'agit d'explorer l'équilibre entre les énergies masculines et féminines en soi.

Prise d'initiatives, le pouvoir et la capacité de diriger.

Créativité

Inspiration - Imagination

Cette carte représente votre potentiel infini, la libre pensée et l'originalité.

Elle symbolise l'initiation de nouveaux projets et l'importance d'être ouvert aux nouvelles expériences.

Une grande créativité peut émerger en se connectant à votre moi intérieur.

Projets créatifs, art, nature et autres sont à activer.

C'est une carte positive qui peut annoncer des idées brillantes et une période de succès créatifs.

Elle vous encourage à croire en vos rêves et à laisser la créativité s'exprimer.

S'éloigner de ce qui ne nourrit plus notre créativité pour explorer de nouvelles voies.

Ouvrez-vous à votre créativité : à savoir, comment exprimer vos couleurs, que ce soit par l'art, par la pensée ou d'autres formes d'innovation.

Temps

Prise de recul - Temps de Pause - Réflexion

Le temps est un allié, il vous permet de prendre du recul sur les situations.

Un moment de détachement et d'introspection est nécessaire afin de prendre les bonnes décisions.

Ce n'est pas le moment d'agir.

La patience est votre alliée.

Jalousie

Envie - Convoitise - Médisance

Cette carte représente l'attachement nocif à une situation.

On vous envie et vous jalouse, soyez prudent car il se peut que des personnes de votre entourage de près comme de loin ne soient pas aussi bienveillantes qu'il n'y paraît.

N'écoutez pas trop les conseils d'autrui, les conseillers ne sont pas les payeurs.

Conflits dans les relations, des rivalités et des rancunes.

Hiver

Solitude - Repos - Réflexion
Période 3 mois

Cette carte représente un temps d'attente, de pause et de réflexion, ce qui évoque les mois d'hiver où les choses ralentissent.

Prendre du temps pour planifier vos projets.

C'est également le moment de se cocooner et de prendre soin de soi.

Lâcher prise

Acceptation - Renoncement - Résilience

Acceptez de laisser aller les situations ou les émotions qui ne vous servent plus.

Sortez du sacrifice, il est nécessaire de voir les choses sous un autre angle.

Renoncez à certains contrôles ou à vos attentes pour embrasser une nouvelle perspective.

Pour avancer, il est nécessaire de laisser derrière vous ce qui ne nous sert plus.

Embrassez l'inconnu et libérez-vous des contraintes.

Détachez-vous des ancrages émotionnels nuisibles du passé.

Quittez une situation qui ne nous satisfait plus, et envisagez un nouveau départ, plus prometteur et plus épanouissant.

Vous avez besoin d'équilibrer différentes facettes de votre vie, car si les déséquilibres deviennent trop lourds, le lâcher-prise peut être une solution.

Le lâcher-prise vous permet de retrouver votre équilibre émotionnel et de vous recentrer sur vous-même.

Non

Réponse négative à votre question !

Jeune homme

Période de transition - Immaturité

Votre phase de vie est marquée par des changements physiques, émotionnels et psychologiques, ainsi que par l'acquisition de nouvelles responsabilités.

Vous êtes encore en train de vous former et d'affirmer votre identité, que ce soit sur le plan personnel, académique ou professionnel.

Dans plusieurs cultures, cette période peut être associée à des rites de passage, des études supérieures, ou des débuts dans le monde du travail.

En somme, la carte du jeune homme vous incite à une période d'évolution, vous confrontant à des choix et à des défis qui influenceront votre avenir.

Immaturité dans vos relations sentimentales.

Protection

Protection Divine des forces invisibles

Cette carte symbolise la spiritualité, la guidance et la protection spirituelle.

La force intérieure, le courage et la maîtrise de soi, avoir confiance en soi et en la résilience.

Cette carte évoque le contrôle, le triomphe sur les obstacles et la protection lors de la poursuite de vos objectifs.

Elle est synonyme de joie, de succès et de vitalité. Elle est perçue comme une protection lumineuse qui éloigne les énergies négatives.

On vous parle d'accomplissement et d'harmonie dans votre vie.

Elle vous indique une protection à un niveau spirituel.

Secret

Secret caché - Non-dit - Vérité

Dévoilement de secrets, qui nécessite une sorte de sacrifice ou un changement de perspective.

Il est nécessaire de faire face à des vérités cachées pour avancer.

Cette carte évoque la recherche de la vérité intérieure.

Une période d'introspection où des secrets intérieurs sont à découvrir.

Plaisirs cachés, des désirs secrets ou des aspects de nous-mêmes que nous cachons aux autres.

Vous avez besoin de clarté concernant une situation particulière.

Transformation

Elévation - Mutation

Cette carte symbolise la fin d'un cycle et le début d'un autre, représentant le changement, la renaissance et la transformation.

Elle indique la fin d'une situation, d'une période de la vie et l'opportunité de renouveau.

Cette carte représente, l'abandon volontaire d'anciens modes de pensée ou de comportements pour permettre une évolution.

Transformation par l'intégration de différents aspects de soi.

Capacité à transformer ses idées en réalité, d'utiliser les ressources à sa disposition.

Début d'un voyage et possibilité de transformation à travers les expériences.

Vous êtes dans une période de transformation, vous atteignez un nouvel état d'être ou de pensées.

Réussite

Succès - Accomplissement - Joie

Cette carte représente la réussite, la vitalité, la joie et l'épanouissement.

Elle indique une période de bonheur et de succès, où les projets aboutissent et où une énergie positive rayonne autour de vous.

Cette carte symbolise l'achèvement, la réalisation de soi et l'harmonie.

On vous indique que vous avez atteint vos objectifs et que vous êtes en phase avec vous-même et le monde qui vous entoure.

C'est une carte de succès global et de satisfaction.

Lorsque la carte de la réussite apparait, c'est un signe très encourageant de succès et d'accomplissement personnel.

Courrier - Ecrit

Communication - Nouvelle - Message

Cette carte représente l'enthousiasme, l'énergie et souvent des nouvelles administratives revigorantes.

Des nouvelles sur le plan affectif, professionnel, familial arrivent à vous.

Messages rapides, communication et mouvement.

Attendez-vous à une révélation surprenante.

Ancrage

Stabilité - Sécurité - Réalité matérielle

C'est la carte du contrôle, de la volonté et de la capacité à avancer en dépit des obstacles.

Elle symbolise l'ancrage dans l'objectif, la stabilité, l'autorité et la structure.

C'est le pouvoir et la maîtrise qui ancrent une personne à la sagesse, à la tradition et à la spiritualité, dans des valeurs profondes.

Elle représente le courage et le contrôle des émotions, une forme d'ancrage intérieur.

Nouveaux départs dans le domaine matériel et financier.

La trahison

Abus de confiance - Mensonge - Déloyauté

Cette carte symbolise les situations où vous pouvez vous sentir trahi par autrui, mais aussi une invitation à examiner vos propres actions et choix.

C'est la carte de la confiance brisée, la déception face à quelqu'un de proche, d'où l'importance d'être honnête avec soi-même et avec les autres.

Il est important de vous rappeler qu'il est nécessaire d'établir des limites saines dans vos relations.

Mise en garde ! Prudence dans vos relations qu'elles soient amicales, professionnelles ou sentimentales.

Invitation

Célébration - Retrouvailles - Rendez-vous amoureux ou amical

Cette carte est associée à des célébrations, des retrouvailles entre amis ou des événements joyeux dans le partage et la convivialité.

C'est l'annonce de moments heureux en compagnie d'autres personnes.

Elle représente l'harmonie et les partenariats, qu'ils soient amicaux ou romantiques.

On vous invite à établir des liens ou à célébrer une relation et également une invitation à célébrer un aboutissement ou une réussite collective.

Magie

Magie positive - Magie négative - Alchimie

Magie Positive : Joie - Créativité.

Guérison et protection

Imagination

Le pouvoir de transformer le plomb en or

Magie Négative : Malveillance - Manipulation - Sous le contrôle d'autrui

Intentions néfastes ou des conséquences indésirables.

Magie noire : Superstition, Peur.

Manipulation, contrôle des pensées ou les actions des autres, menaçant ainsi l'autonomie individuelle.

La magie peut vous impacter actuellement, mais vous avez la clé pour vous sortir de cette situation.

Printemps

Renouveau - Croissance - Nouvelle opportunité
Période de 3 mois

Cette carte symbolise le potentiel et le nouveau départ votre énergie créative et votre capacité de manifester de nouvelles idées, ce qui est en accord avec l'esprit du printemps.

C'est un retour aux sources, à la nature et à la conscience de soi, ce qui correspond au moment du printemps où la nature renaît.

Ce sont les cycles naturels de la vie, associés au changement, à la prospérité et à la floraison du printemps conduisant vers un tournant positif.

Elle évoque la joie, la vitalité et le succès.

Une énergie très positive qui reflète l'optimisme et la lumière que le printemps apporte.

Elle représente l'espoir, l'inspiration et la sérénité, toutes ces sensations souvent ressenties au printemps lorsque la nature se renouvelle.

Sabre

Clarté Intellectuelle - Communication vive - Vérité - Conflit

Vous devez trancher une situation qui ne vous convient plus.

Nouvelles idées, clarté d'esprit, vérité.

C'est la carte de la révélation et des perspectives, évoquant une période de décision difficile ou d'impasse, vous devez sortir de l'hésitation, il vous est nécessaire de trouver un équilibre dans votre vie.

Elle symbolise la douleur émotionnelle, la trahison, la déception, elle évoque la souffrance mais aussi la libération.

Exprimez votre besoin de repos, de réflexion et de méditation.

Elle représente les conflits, les désaccords et la compétition.

On vous indique une victoire à un coût élevé.

Vous vous dirigez vers des eaux plus calmes après une période difficile.

Fin d'une situation difficile, souvent associée à des pertes ou des échecs, mais aussi à la possibilité de renouveau.

Elle symbolise l'action rapide, l'impulsivité et la détermination.

Cette carte évoque l'intelligence, la clairvoyance et la capacité à prendre des décisions avec discernement.

Maîtrise des pensées et de la communication.

C'est une invitation à se ressourcer après des conflits.

Eveil

Jugement - Renaissance - Evaluation - Elévation du soi

Cette carte symbolise une période de transformation, on se rend compte de ses véritables aspirations et désirs.

C'est un moment de réflexion et d'introspection, où l'on peut se réinventer.

On vous invite à évaluer les choix du passé, à faire le point sur vos actions et à en tirer des leçons.

C'est l'occasion de se libérer des vieux schémas et de se projeter vers un avenir plus aligné avec soi-même.

L'éveil est un appel à agir, à répondre à un appel intérieur ou à une vocation.

C'est le moment de prendre des décisions significatives.

Elle symbolise la réconciliation avec soi-même ou avec les autres, laissant derrière soi les ressentiments et les conflits afin de progresser vers une paix intérieure.

L'éveil indique que vous êtes à un tournant de votre vie et que vous devez écouter votre intuition pour avancer.

Maladie

Mal-être - Déséquilibre - Tension physique ou émotionnelle

La carte de la maladie représente des problèmes de santé, mais elle peut aussi symboliser un état de stress mental ou émotionnel.

Elle indique qu'il est temps de prêter attention à votre bien-être intérieur.

On vous signale de faire une pause, de réfléchir sur vos comportements, et considérer des changements de mode de vie pour améliorer votre santé physique ou mentale.

La présence de cette carte indique un déséquilibre entre le corps et l'esprit, incitant à chercher l'harmonie et à prendre soin de soi.

Cette carte fait référence à des relations toxiques ou à des situations dans lesquelles nous sommes émotionnellement "malades" à cause des influences extérieures.

Prenez le temps de méditer sur votre situation actuelle !

Soleil

Réussite - Vitalité - Clarté

Cette carte symbolise le bonheur, la joie de vivre, et les moments heureux.

Elle évoque des sentiments de plénitude et d'épanouissement et vous permet de voir les choses clairement.

Carte de la vérité et de la transparence, apportant une illumination dans les situations sombres ou confuses, est également associée à l'énergie, la vitalité et la santé.

On vous indique un bon état physique et mental et le succès, tant sur le plan personnel que professionnel.

Reconnaissance et la valorisation des efforts réalisés.

Coté finances:

C'est la carte de la prospérité, l'abondance, bonne gestion des ressources financières et les attitudes envers l'argent.

Elle symbolise des opportunités financières ou des périodes de prospérité à venir, elle vous invite à adopter une mentalité d'abondance.

On vous encourage à une réflexion sur la manière dont vous gérez vos finances, incitant à la planification et à la responsabilité financière.

La carte aborde les émotions liées à l'argent, explorant comment vos croyances et vos peurs peuvent influencer vos décisions financières.

Vous avez des actions concrètes à entreprendre pour améliorer votre situation financière.

La carte du soleil vous offre des perspectives sur des questions financières ou sur l'état d'esprit à adopter pour attirer davantage d'abondance dans votre vie.

Obstacle

Limitation - Blocage - Difficulté à avancer dans une situation

La carte de l'obstacle invite à changer de perspective ou de stratégie.

Il est temps de vous dépasser, de ne pas reculer devant l'obstacle.

Vous avez le pouvoir d'affronter les situations sur votre chemin.

Même si c'est difficile actuellement, vous pouvez y arriver.

Courage !

Oui

La réponse à votre question est Positive !

Triangulaire

Concurrence - Choix - Complication

Concernant vos relations, les sentiments, les attentes et les loyautés peuvent être partagés ou en concurrence avec différentes personnes impliquées.

Cette carte soulève des questions éthiques sur la fidélité, la transparence et le respect des sentiments partagés.

Un choix à faire dans tous les domaines.

Paix

Equilibre - Harmonie - Modération

Cette carte représente la nécessité de trouver un compromis, d'intégrer différentes parties de vous-même ou différentes situations, de travailler vers une unité.

Vous devez trouver un juste milieu.

Vous êtes invité à éviter les extrêmes et à adopter une approche mesurée dans les situations de la vie.

On vous encourage à la paix intérieure et à la réconciliation avec vous-même et avec les autres.

Entourez-vous de relations harmonieuses.

On vous parle de la nécessité de prendre votre temps et de ne pas vous précipiter.

La patience est essentielle pour atteindre des objectifs ou pour résoudre des conflits.

Il vous est suggéré d'être flexible et ouvert au changement, d'accepter les différentes influences de la vie et de les intégrer de manière positive.

Vous êtes invité à la recherche de la sagesse spirituelle et de la connexion avec des aspects plus élevés de vous-même ou de l'univers.

La présence de la carte de la Paix est un signe encourageant, indiquant que les périodes de conflit ou de stress sont sur le point d'être achevées, et que des solutions harmonieuses peuvent être trouvées.

Jeune fille

Fragilité - Jeunesse - Apprentissage

Carte de l'enfant, symbole de naïveté.

Faites attention à ceux qui vous entourent, ne soyez pas dupe.

Possibilité d'un nouveau projet qui prendra son temps pour éclore.

On vous invite à vous pencher sur les émotions et les ressentis, et à explorer les vérités cachées.

Accueillez l'innocence de votre enfant intérieur, de votre créativité et adoptez une approche naïve et joyeuse de la vie.

Voyage

Déplacement - Mutation - Aventure

Cette carte représente le début d'un nouveau voyage, souvent marqué par l'innocence et l'enthousiasme.

Elle symbolise de nouvelles aventures et l'acceptation des incertitudes, la détermination, la volonté et le contrôle.

Cela indique que vous êtes sur la bonne voie et que vous avancez avec succès dans votre voyage.

Un voyage introspectif vous ferait la plus grand bien.

Elle symbolise l'achèvement d'un voyage, la réalisation des objectifs et l'harmonie.

C'est le signe que vous avez atteint votre destination, que ce soit physiquement ou spirituellement.

On vous évoque un voyage à travers des moments difficiles vers des temps meilleurs.

Elle symbolise le déplacement vers un nouveau territoire ou une nouvelle phase de la vie, à l'exploration et à la curiosité.

Elle capture l'esprit d'aventure et le désir de découvrir de nouveaux horizons.

Tentation

Dépendance - Désir - Manipulation

Elle représente les aspects sombres de la psyché humaine et les chaînes que l'on peut se créer à travers des choix non réfléchis.

On vous indique une fixation sur les plaisirs matériels ou sensuels, suggérant que ces désirs peuvent mener à la souffrance ou à l'illusion.

On évoque des dynamiques de pouvoir dans les relations, où une personne peut contrôler ou manipuler une autre.

Bien que cette carte puisse représenter des entraves, elle vous rappelle aussi que vous avez le pouvoir de vous libérer des chaînes auto-infligées, en prenant conscience de vos choix et en agissant en conséquence.

Vous êtes invité à examiner vos peurs et vos insécurités qui pourraient vous mener à des comportements autodestructeurs.

Il serait judicieux pour vous, de faire le point sur vos désirs et relations, il y a peut-être un abus de confiance de part et d'autre.

On vous met en garde contre la dépendance, les désirs, la manipulation et les attirances matérielles.

Nouvelle

Changement - Réponse positive - Prise de hauteur

Cette carte vous rappelle qu'il est utile de prendre de la hauteur concernant la situation.

De très bonnes nouvelles s'en viennent.

Vous allez pouvoir prendre votre envol.

Carte très positive !

Eté

Joie - Succès - Vitalité - Epanouissement
Période de 3 mois

Cette carte est très positive.

Elle représente un moment de bonheur, de clarté et d'optimisme dans votre vie.

Elle vous indique des réalisations et célébrations à venir, ainsi qu'un sentiment de légèreté et d'énergie positive.

La période d'été est associée à la croissance et à la prospérité.

Union - Mariage

Amour - Partenariat - Union

Cette carte représente l'amour, le choix et l'harmonie entre deux personnes, celle des relations profondes, des décisions en matière de partenariat et d'union spirituelle.

Elle évoque des relations émotionnelles positives, de l'engagement, de l'amour partagé, de la réciprocité et des liens affectifs solides.

Carte de valeurs traditionnelles, de la spiritualité et des institutions, il peut arriver une cérémonie de mariage et l'engagement formel dans une relation.

Cela signifie de nouveaux engagements, une consolidation de liens existants et la nécessité d'équilibrer les relations dans votre vie.

Attente

Pause - Stagnation

Cette carte représente le sacrifice, une introspection ou une période d'attente.

Elle indique que parfois, il est nécessaire de voir les choses sous un autre angle et d'accepter une situation avant de passer à l'action.

Elle symbolise l'équilibre et la patience, d'où l'importance de la modération et de la prise de temps pour réfléchir avant de faire un pas.

Mise en garde coté sentimental : attention de ne pas perdre votre temps à attendre une personne ou une situation qui ne reviendra pas.

Femme

Passion - Fertilité

Cette carte vous représente vous en tant que femme.

Elle vous invite à écouter votre voix intérieure et à faire confiance à vos intuitions.

C'est la carte de la créativité, de l'intuition, de la sensibilité et de la compassion.

On vous indique des influences féminines dans la vie d'un homme, que ce soit sous la forme de femmes réelles ou d'aspects féminins de soi-même.

Homme âgé

Spiritualité - Père - Homme sage

Guide spirituel ou religieux.

Cette carte vous indique une quête de sens ou de vérité, ainsi qu'un besoin de se connecter à des valeurs plus élevées.

Cette carte évoque l'importance des traditions et des normes.

On vous suggère le respect des conventions, des enseignements et des pratiques établies.

Croyances et valeurs à déterminer et voir si elles sont en accord avec son vrai moi.

Recherche de sagesse intérieure et d'harmonie avec vos croyances personnelles.

Vol - Perte

Méfiance - Echec - Perte

Méfiez-vous !

Prudence sur les investissements.

Soyez dans la vigilance concernant vos finances.

Vous êtes invité à réfléchir sur votre relation personnelle avec l'argent et à examiner si des blocages existent, ce qui pourrait entraver votre abondance.

Voir au-delà des apparences.

Risque de vol matériel et financier.

Drapeau rouge dans vos relations sentimentales et amicales.

Bénédiction

Bonheur - Bénédiction

Cette carte représente l'espoir, la sérénité et l'inspiration.

Une bénédiction sur vos rêves et vos aspirations à réaliser.

On vous apporte des bénédictions inattendues ou des tournants favorables.

Cette carte représente des bénédictions trouvées dans l'équilibre et l'intégration des différentes parties de votre vie.

Liberté

Libération - Enthousiasme

Joie de vivre et souplesse dans vos échanges.

Vous retrouvez une nouvelle vitalité, les problèmes s'effacent et vous allez pouvoir diriger votre vie vers de nouveaux objectifs.

Le temps n'est plus aux doutes, ni aux frustrations.

Vous êtes libre à présent.

Enfin, il était temps!

Vous êtes libre de faire et de penser ce que vous voulez.

On vous libère des chaines du passé.

Serpent

Hypocrisie - Médisance - Vénalité

Rivalité dans les affaires, corruption faites attention à tout ce qui concernent vos projets créatifs, vos finances et vos biens matériels.

Une personne ou un groupe de personnes a pour but de vous dépouiller, de vous nuire.

Soyez vigilant, gardez vos projets sous silence, car le ou les serpents rodent autour de vous.

Attention à votre entourage !

Fin

Fin d'un cycle - Nouvelle page

Nouveau départ dans la gestion de projets, c'est la fin d'un cycle, et le moment où toutes les étapes d'un projet ont été complétées.

Le projet est considéré comme terminé ! Cela inclut l'évaluation des résultats, la documentation des leçons apprises.

Vous avez clôturé un cycle et mis fin à une expérience, salutation.

L'affaire est classée !

Amour

Amour - Romance - Sentiment

Cette carte évoque l'amour romantique, l'amitié et l'harmonie dans les relations.

Elle symbolise le bonheur émotionnel et la satisfaction dans les relations.

Famille heureuse et équilibrée, et un amour durable.

Moments heureux et lumineux dans une relation.

Automne

Dépouillement - Libération - Epuration
Période de 3 mois

Carte du dépouillement, vous devez laisser partir ce qui ne résonne plus avec vous.

Bilan de vie et acceptation de ce qui est.

Vous êtes encouragé à prendre soin de vous, afin de renouveler vos énergies.

Cadeau

Surprise - Inattendu - Gain

Une opportunité précieuse se présente dans votre vie.

Symbole de générosité, d'abondance et de reconnaissance des petites et grandes merveilles de la vie.

Recevoir un "cadeau" évoque l'idée d'accueillir des expériences, des leçons ou des relations qui enrichissent notre parcours spirituel.

C'est un rappel de rester ouvert aux bienfaits et à la magie qui nous entourent, tout en cultivant l'attitude de gratitude.

Un cadeau arrive vers vous !

Femme âgée

Maturité - Confort – Harmonie

Vous êtes dans une énergie de tranquillité, de bien-être et de confort.

Restez aligné avec vos valeurs, vous avez une grande sagesse intérieure.

Votre famille a besoin de vous actuellement.

Il est temps de vous reposer, de profiter de la vie.

Carte de sagesse et de savoir.

Lumière

Eclaircissement - Nouvelle vision - Clairvoyance

Cette carte est souvent liée à l'inconscient, à la spiritualité et à la connexion avec le monde intérieur.

Une idée de génie ? Oui c'est bien cela !

Vous êtes sur la bonne voie, votre vision des choses est juste, votre projet a de très bonnes fondations.

Continuez votre expansion que ce soit sur le plan matériel et ou spirituel, vous allez donner vie à un très beau projet.

Tout est possible et réalisable.

Enfermement

Introspection - Tristesse - Solitude - Isolement

Une période d'introspection, désirée ou non, qui se manifeste dans votre vie.

C'est le moment idéal pour prendre du recul concernant une situation ou un événement décevant.

Libérez-vous de ce sentiment d'insatisfaction et de rancoeur.

Parfois dans la vie, il est nécessaire de traverser des moments de troubles pour en comprendre le sens.

Il est très difficile d'accepter l'inacceptable, mais c'est une sorte de clé pour arriver à se libérer des souffrances de l'âme.

Vous traversez une période de solitude, profitez-en pour vous renouveler et regarder la vie autrement.

La solitude est une alliée de taille, elle vous permet d'aller explorer vos retranchements, elle vous confronte à vos peurs, vos doutes, vos insécurités émotionnelles, c'est une enseignante de grande qualité.

Utilisez ce temps d'introspection pour aller chercher vos ressources inexplorées afin de libérer votre essence et de laisser vivre votre joyau intérieur.

C'est le moment idéal, pour écouter votre voix intérieure.

Chers lecteurs et chères lectrices

Je vous souhaite la réalisation de vos rêves les plus fous.

De vous libérer des chaines qui vous entravent.

De vivre en paix avec vos désirs et convictions.

Je vous souhaite amour et joie.

Je vous souhaite d'être tout simplement heureux.

Valérie Boucton

Pour une guidance ou un accompagnement personnalisé, vous pouvez me contacter par mail à l'adresse suivante :

valerie.boucton@gmail.com

Imprimeur et éditeur

© 2024 Valérie Boucton

ÉDITION : BOD · BOOKS ON DEMAND,
31 AVENUE SAINT-RÉMY,
57600 FORBACH, BOD@BOD.FR
IMPRESSION : LIBRI PLUREOS GMBH,
FRIEDENSALLEE 273, 22763 HAMBURG
(ALLEMAGNE)

Avec la contribution de
LIS MA VIE Editions
BP 50002
17202 ROYAN CEDEX

DÉPÔT LÉGAL : JANVIER 2025

ISBN : 978-2-3225-6042-4